Die Halligen

Schwimmende Träume im Wattenmeer

Texte von Roland Pump

Fotografien von Günter Pump

Husum

Einleitung

Der erste Blick auf die Halligen geht oft von den Deichen des Festlandes aus. Nur die Warften heben sich einsam vom Horizont ab. Sie ragen wie Burgen aus dem Wasser der Nordsee. Im Sommer scheinen sie im flimmernden Licht wie eine Fata Morgana über dem Wasser zu schweben.

Die Annäherung an dieses faszinierende Landschaftselement kann auf verschiedenen Wegen erfolgen. Und selbst der Weg dahin gibt bereits einen Einblick in das Weltnaturerbe Wattenmeer. Ganz gemütlich per Schiff anreisen und auf der Fahrt dahin bereits sehr viel entdecken. Oder per Lore in das Watt – hört sich ungewöhnlich an, ist aber dank eines schmalspurigen Schienenweges im Watt möglich. So z. B. nach Oland und Langeneß oder nach Nordstrandischmoor, aber nur für Feriengäste. Oder mit eigener Kraft, also zu Fuß direkt durch das Watt. Wohl die ursprünglichste Art, das Watt zu entdecken. Natürlich barfuß und mit jedem Schritt spüren, wie sich das Watt auch verändern kann. Oder etwas romantischer per Pferdekutsche nach Südfall? Für jeden Geschmack ist also etwas dabei. Auch wenn nicht jede Hallig auf jedem Weg erreichbar ist.

„Schwimmende Träume" hat schon Theodor Storm die Halligen genannt. Unwirklich schön liegen sie im Wattenmeer und scheinen einer anderen Welt zu entstammen. Es ist die Ursprünglichkeit, die so fasziniert. Die üblichen Geräusche der Zivilisation sind hier nicht zu hören. Fast scheint es, als wäre die Zeit hier noch stehen geblieben. Das Rauschen des Windes und die Geräusche des Wassers. Die Möwen mit ihrem Geschrei, die Weite des Wattenmeeres, der Geruch der Nordsee, alles vermittelt den Eindruck, in einer anderen Welt zu sein.

Hallig

In alten Zeiten umfasste der Begriff „Hallig" nicht nur die kleinen unbedeichten Inseln, sondern auch das Vorland über dem mittleren Hochwasser. Bis in die frühe Neuzeit hielt sich der Begriff für alles Land, das bei hohen Wasserständen oft überflutet wird. Heute steht er für die kleinen „Inseln" im Wattenmeer. Wobei die Halligen keine Inseln sind. Denn eine Insel hätte hier einen Deich. Auch der Begriff Insel wird unterschiedlich definiert. Für die einen handelt es sich um eine Insel, sobald ein Deich das Land schützt, die anderen erwei-

Sylt
Hörnumtief
Föhr
Dagebüllhafen
Amrumtief
Föhrer Ley
Oland
Schlüttsiel
Amrum
Norderaue
Langeneß
Gröde
Habel
Kniepsand
Seehundsbänke
Süderaue
Hamburger Hallig
Hooge
Japsand
Sandshörn
Nordstrandischmoor
Hoogeloch
Norderoog
Norderoogsand
Pellworm
Nordstrand
Rummelloch
Norderhever
Strucklahnungshörn
Südfall
Seehundsbänke
Süderoog
Süderoogsand
Heverstrom
Seehundsbänke
Westerheversand

„Schwimmende Träume" hat schon Theodor Storm die Halligen genannt. Unwirklich schön liegen sie im Wattenmeer und scheinen einer anderen Welt zu entstammen.

tern diese „Anforderung" auf das Vorhandensein eines Geestkernes.

Ausnahme von der Regel, dass eine Hallig nicht von einem Deich geschützt wird, ist die Hallig Hooge. Hier gibt es einen Sommerdeich, er sorgt für weniger Überflutungen im Jahr. Das Leben ohne Deich bedeutet aber auch, dass mehrfach im Jahr „Land unter" herrscht, dann ist die Fläche der Hallig bei Sturmflut komplett vom Nordseewasser überflutet. Nur die Warften ragen wie Schutzburgen aus dem Wasser hervor.

Das Land der Halligen liegt im Durchschnitt nur einen Meter über Normalnull.

Entstehung

Die Entstehung der Halligen wäre ohne Katastrophen gar nicht möglich gewesen. Denn die Sturmfluten der letzten Jahrhunderte haben diese Landschaft erst geschaffen. Sie sorgten dafür, dass Land fortgerissen und an anderen Stellen wieder angespült wurde. Heute gibt es im Wattenmeer noch zehn Halligen, dabei wird die mit dem Festland verwachsene Hamburger Hallig mitgezählt: Gröde, Habel, Hamburger Hallig, Hooge, Langeneß, Norderoog, Nordstrandischmoor, Oland, Süderoog und Südfall.

Woher der Begriff „Hallig" stammt, ist nicht mehr sicher zu klären. Eine Bedeutung könnte „Salzland" sein (von „hall" = Salz), eine andere Lesart sieht die Verwandtschaft mit „hol" = niedrig und „Hol" = Ebbe. Die Entwicklung des schleswig-holsteinischen Wattenmeers liegt mehr als 14 000 Jahre zurück. Dort, wo heute die Halligen liegen, durchstreiften in der letzten Eiszeit noch Jäger die Wälder. Bei dem Anblick des Wattenmeeres keine leichte Vorstellung.

Zu dieser Zeit tauten die letzten Gletscher der Eiszeit ab und der Meeresspiegel stieg an. Dadurch wurden weite Teile des dort vorhandenen Festlandes überflutet.

Das heutige Bild des Wattenmeeres ist aber auf die Sturmfluten zurückzuführen. Die Sturmflut mit den größten Verlusten war die zweite Marcellusflut am 16. Januar 1362. Als „Grote Mandränke" ist sie in die Geschichte eingegangen. Die sogenannten Uthlande versanken. Diese Sturmflut schuf am wirkungsvollsten das heutige Wattenmeer mit seinen Inseln und Halligen. Von den vorher hier gelegenen Landmassen sind nur die Inseln und Halligen übrig geblieben. Die Halligen waren damals alle erheblich größer als heute. Der Verlust durch Sturmfluten war immer größer als die natürliche Auflandung. Manche Hallig musste aufgegeben werden und wurde schließlich von den folgenden Sturmfluten völlig zerstört.

Die zweite „Grote Mandränke" 1634 sorgte für weitere Zerstörung. Die Insel Alt-Nordstrand wurde zerrissen. Die Inseln Pellworm, Nordstrand, die Hallig Nordstrandischmoor und der alte Amsinck-Koog sind die Reste dieser Insel.

Im Februar 1825 genau zur Springflutzeit gab es eine verhängnisvolle Sturmflut an der Küste. Am schwersten traf es die Hallig Südfall. Von den Gebäuden, zwölf Menschen und Tieren blieb keine Spur übrig.

Auch auf Hooge gab es große Schäden, auf der Fedder-Bandix-, Großsüder- und Kleinsüderwarft wurden 25 Menschen und alle Tiere von den rasenden Fluten in den Tod gerissen. Von den Häusern am Süderufer blieben nur noch Trümmer übrig.

Die Halligen sind heute besser gegen Hochwasser geschützt als zu damaligen Zeiten. Denn bereits Ende des 19. Jahrhunderts erkannten die Deichgrafen, dass die Halligen als Wellenbrecher einen wichtigen Schutz des Festlandes gegen die Nordsee darstellen. Sie gelten als das „Bollwerk für die Festlandsmarschen". Deshalb wurden Dämme zum Festland gebaut und die Ufer befestigt. Mit diesen Maßnahmen wird verhindert, dass die Nordsee weiteres Land wegspülen kann.

Als letzte deutsche Hallig wurde die Behnshallig in der Zeit von 1885 bis 1890 von den Fluten zerstört. Sie war ein Rest von Alt-Nordstrand und lag zwischen Pellworm und Gröde.

Aber die Bewegung von Landmassen ist noch nicht vorbei. Der Trend ist, dass die Sturmfluten immer höher auflaufen. So war es der Orkan „Anatol" im Jahr 1999, der die vor Sylt gelegene, unbewohnte dänische Hallig Jordsand endgültig von der Landkarte verschwinden ließ.

Jede Flut bringt den Halligen aber auch neues Land. Es lagern sich Sedimente ab, die das Land an einigen Stellen höher werden lassen, schön zu sehen an den Abbruchkanten zu den Prielen. Hier lassen sich die verschiedenen Schichten gut erkennen. *De blanke Hans – he nimmt, he givt!* So wird auf den Halligen gesagt.

Warften

Die Warften erheben sich weithin sichtbar auf den Halligen. Wie kleine Burgen sollen sie den Bewohnern Schutz vor den Sturmfluten der Nordsee bieten. Und wer sich der Warft nähert, die sich über die Hallig erhebt, kann dem sicherlich zustimmen. Ohne die Warften wäre kein Leben auf der Hallig möglich. Der Namen leitet sich von dem Wort „werfen" ab. Die Hügel sind mit Kleiboden mühsam aufgeworfen. Die Arbeit wurde mit den einfachsten Mitteln ausgeführt, meistens mit Spaten und Schaufeln, und dauerte oft mehrere Jahre. Der Boden wurde überwiegend mit der Trage transportiert, denn Schubkarren sind in Nordfriesland erstmals um 1610 benutzt worden. Und jeder, der vor so einer Warft steht, sollte sich Gedanken machen, wie viel Kleiboden (toniger Marschboden) für die Sicherheit aufgeworfen werden musste.

Es gibt unterschiedliche Warften. Auf einigen steht nur ein Haus, auf anderen, wie z. B. auf Hooge, stehen mehrere Häuser und sie ähneln einem Dorf. Viele Warften wurden nach ihrem Besitzer oder ihrer Funktion benannt, so z. B. Kirchwarft oder Hanswarft. Die Warften sind heute bis 4,20 m über dem mittleren Tidehochwasser hoch. Meistens wurden die Warften mit einem Fething, einem Regenwasserspeicher, gebaut.

Auf den Halligen Oland und Langeneß gibt es noch eine kleine Besonderheit. Dort gilt bis heute die Schreibweise „Warf".

Lebensweise

Das Leben auf den Halligen verlief lange Zeit noch ohne den Luxus, der auf dem Festland selbstverständlich war. Bis zur Mitte des 20. Jahrhunderts hatten die Halligbewohner keinen Strom und kein fließend Wasser. Das Regenwasser wurde in einem Sod (Brunnen) oder Fething aufgefangen, um Süßwasser zur Verfügung zu haben. Denn auf den Halligen gibt es kein Grundwasser, oder wenn es vorhanden ist, dann ist es salzig und damit ungenießbar.

Die Halligbewohner müssen sich auf den Gezeitenwechsel einstellen und mit dem Meer leben. Aber sie konnten zum Teil auch vom Meer leben. Der Fischfang sicherte einen Teil der Nahrung. Den weit größeren Teil lieferte die Landwirtschaft. Die Viehhaltung und das, was auf den kargen Böden wächst, sicherte das Leben der Bewohner. Heute arbeiten einige Halligbewohner auch beim Landesbetrieb für Küstenschutz, Nationalpark und Meeresschutz (LKN). Sie sind für den Küstenschutz zuständig und sichern gleichzeitig auch ihr Zuhause in der Nordsee. In früheren Zeiten sind viele der Männer auch zur See gefahren. Sie waren bei den Reedern immer sehr beliebt, denn sie brachten hervorragende Navigationskenntnisse mit. Auf den Halligen sind noch viele Hinweise auf diese Seefahrertradition zu finden.

Der Tourismus auf den Halligen setzte langsam in der zweiten Hälfte des 19. Jahrhunderts ein. Seit dieser Zeit wissen auch die Gäste die Halligwelt zu schätzen, ob für einen Tagesausflug oder für einen längeren Aufenthalt. Die Landschaft im Nationalpark besitzt schon eine hohe Anziehungskraft, die weit über die Landesgrenzen hinausgeht und einen großen Impuls für den Fremdenverkehr bedeutet.

Das Leben der Halligbewohner ist aber heute sicherlich immer noch anders als das auf dem Festland. Denn alles, was zum Leben benötigt wird, muss per Schiff vom Festland geholt werden. Auf den Halligen gibt es auch keinen Arzt. In Notfällen muss dann z. B. der Seenotrettungskreuzer der DGzRS angefordert werden.

Schon immer wurden die Halligen mit Booten versorgt. Reisen zum Festland waren mit großem Zeitaufwand verbunden. Die Halligen wurden später mit Fähranlegern versehen und in einen festen Fahrplan eingebunden.
Nächste Seite: Blick auf Hallig Hooge.

„Adler-Express"
Hilligenlei

„Adler-Express"
Hilligen ei

Hooge, die „Königin der Halligen“

Die 5,74 km² große Hallig Hooge liegt etwa vier Kilometer südlich von Langeneß. Mit der Fähre und den Ausflugsschiffen kommen täglich Gäste in Scharen, um für ein paar Stunden Hallig-Atmosphäre zu schnuppern.

Das Gestühl der Hooger Kirche und die Holztaufe gehen auf das Jahr 1624 zurück und stammen aus dem Gotteshaus von Osterwohld, einem in der „Groten Mandränke“ von 1634 untergegangenen Kirchspiel.

Die zweitgrößte Hallig im nordfriesischen Wattenmeer entstand erst durch die schweren Sturmfluten im 14. Jahrhundert. Nach der Flut 1362 stand das flache Land großflächig unter Wasser. Es bildeten sich große Priele und tiefe Meeresarme in dem moorigen Gebiet der „Uthlande". In den Jahrzehnten nach der Sturmflut entstand auf den Rudimenten der untergegangenen alten Marsch ein neues Land. Auf dem höher gelegenen Land, es sind heute die Halligen und Inseln, lagerten sich Schlick und Muscheln nach jeder weiteren höheren Flut ab und das Land wurde immer höher. An den Abbruchkanten der Priele, die immer noch die Hallig durchziehen, kann man diese Ablagerungsschichten gut erkennen. Zunächst wurde die Hallig durch ein Steindeckwerk gesichert und von 1911 bis 1914

Hooge wird von einem rund 1,50 m hohen Steindeich umgeben, sodass es vor Überflutung durch leichtere Sturmfluten geschützt ist. Dennoch wird die Hallig durchschnittlich zwei bis fünf Mal jährlich von Land unter betroffen. In der Kirche zeigt eine Tafel, wie hoch das Wasser 1962 stand. Wer früher auf der Hallig die Priele überqueren wollte, benutzte die Stege (Stock).

erhielt Hooge als erste Hallig einen über 11 km langen, etwa 1,50 m über MThw liegenden Sommerdeich. Nach wie vor bestimmt das Meer mit unverminderter Härte und Willkür das Leben auf der Hallig. Oft ist das erste Ziel der Besucher die Kirchwarft. Die backsteinerne Saalkirche ist das kleinere Gebäude, das größere beherbergt das Pastorat. Vermutlich gab es schon früher eine Kapelle südwestlich der Hallig, die aber 1362 von der Flut zerstört wurde. Die heutige Kirche wurde von 1637 bis 1641 erbaut. So schrieb der Pastor: „Die Trümmer der damals auf Alt-Nordstrand zerstörten Kirchen, von 24 blieben sechs übrig, holten sich die Hooger als Bau-

Das Traufenhaus des Kapitäns Tade Hans Bandiks (nach dem die Hanswarft – vorige Seite – benannt ist) von 1776 mit dem Königspesel

material für eine eigene Kirche und erwarben einen Großteil der Kircheneinrichtung der erst zehn Jahre vorher gebauten Kirche von Osterwohld (nahe Hooge), deren Gemeinde nun nicht mehr existierte. So ist bis zum heutigen Tag das Inventar ein stummer Zeuge einer großen Katastrophe."

Nördlich der Kirche liegt das Grab des bekannten Vogelwarts Jens Sörensen Wandt. Er war jahrzehntelang „Vogelkönig" auf der Hallig Norderoog. Er verfehlte 1950 den richtigen Wattenweg zwischen Hooge und Norderoog und starb im Watt.

Viele der friesischen Grönlandfahrer im 18. Jahrhundert waren hier auf der Hallig beheimatet. Auch der erfolgreiche Kapitän Bandiks stand im Dienst der holländischen Reeder. Die wohlhabenden Seefahrer begannen, wie die Holländer, ihre Häuser auf der Hallig mit Fliesen zu „tapezieren". Gerne wurden Blumen- und Tiermotive oder Szenen aus der Bibel genommen. Im Königspesel auf der Hanswarft sind sie zu bewundern, sehenswert ist auch das Fliesenbild, das ein Schiff des Hausbesitzers zeigt. Es soll vor Schweden gesunken sein, so steht es im Bildtext. Ein Schaustück ist auch der Bilegger-Ofen aus

Das Prunkzimmer im alten Kapitänshaus mit den blau bemalten Fliesen aus Holland. Über dem Bilegger-Ofen ein Fliesenbild, das ein Schiff des Kapitäns zeigt. Neben dem Ofen der Alkoven, dem der Königspesel seinen Namen verdankt, hier schlief der dänische König Friedrich VI. nach einem Besuch der Hallig.

Gußeisentafeln mit biblischen Darstellungen aus dem Jahr 1669.

Der Königspesel erhielt seinen Namen, weil König Friedrich VI. von Dänemark (die Hallig gehörte damals zum dänischen Hoheitsgebiet) hier im Jahr 1825 übernachtete, als er die Schäden, die die Sturmflut im Februar angerichtet hatte, in Augenschein nahm. Ein Landunter am Tag der Abreise zwang den königlichen Gast, auf der Hallig zu bleiben. Er übernachtete im Pesel (der guten Stube), dem vornehmsten der Hallig, daher nun der Name „Königspesel".

Die Hanswarft, größte Warft aller Halligen, ist die Hauptwarft, hier liegt auch das vom Postschiffer Hans von Holdt gegründete Heimatmuseum. Das Biggerhaus beherbergt ein naturkundliches Informationszentrum der Schutzstation Wattenmeer. Im Sturmflutkino erleben die Besucher eine Sturmflut auf der Leinwand.

Ringelgänse über der Ockelützwarft auf Hooge. Sie sind schwarzgrau mit graubraunem Rücken und schwarz-weiß gebänderten Flanken und haben am Hals schmale weiße Halbmondflecken. Nächste Seite: Abendsonne über der Ipkenswarft auf der Hallig Hooge.

Die Hallig Norderoog, im Windschatten von Norderoogsand gelegen, ist ein nur knapp neun Hektar großes Vogelschutzgebiet. Auf der kleinen Hallig gibt es nur noch zwei Pfahlbauten für den Vogelwart.

Norderoog

Norderoog hat nur eine Größe von 0,09 km². Als einzige Hallig hat sie keine Warft mehr. Sie liegt am weitesten westlich von allen Halligen, etwas südwestlich von

Hooge. Westlich von Norderoog liegt der bei MThw aus dem Wasser herausragende Norderoogsand. Der Außensand dient als natürlicher Wellenbrecher für die dahinterliegenden Watten und Halligen, außerdem als Robbenliegeplatz und Mauserfläche für die Eiderenten.

Heute ist Norderoog ein Rast- und Brutplatz für zum Teil seltene Seevögel, z. B. eine große geschlossene Kolonie der Brandseeschwalben.

Die Bedeutung von Norderoog liegt aber nicht nur in ihrer Funktion als Brutplatz, sondern auch als Rastgebiet für den Vogelzug. Zeitweise halten sich dort mehr als

50000 Seevögel auf. Die Hallig Norderoog gehört zur Schutzzone I des Nationalparks Wattenmeer und darf nur im Rahmen geführter Wattwanderungen betreten werden. Schon seit 1939 steht Norderoog unter Naturschutz. Sie war die erste Hallig, die diesen Schutz erhalten hat.

Die Geschichte von Norderoog reicht weit zurück. Die erste Erwähnung der Hallig gibt es als „Norder Ough" im Jahr 1597. Einige Quellen gehen davon aus, dass Norderoog ein Rest des im mittelalterlichen Erdbuch Waldemars II. Sejr erwähnten Hwalae Minor, also Klein-Strand, ist.

Vor der großen Flut im Jahr 1634 hatte die Hallig noch eine Größe von 140 ha und wurde von einem Strandvogt bewohnt. Ob die zweite „Grote Mandränke" große Schäden angerichtet hat, ist nicht bekannt. Die Hallig wurde aber bis zur Halligflut 1825 weiter bewohnt. Der letzte Bewohner, Andreas Andresen, konnte seine Familie knapp vor dem Ertrinken retten. Die Warft mit dem Wohnhaus wurde fast völlig zerstört und so wurde die Hallig von den Bewohnern aufgegeben.

Seit 1909 wird die Hallig vom Verein Jordsand betreut und in den Sommermonaten lebt dort heute ein Ornithologe. Er führt auch kleine Instandsetzungen aus.

Norderoog ist auch als „Vogelhallig" bekannt. Am weitesten westlich gelegen, gehört sie zur Kernzone des Nationalparks Schleswig-Holsteinisches Wattenmeer und darf daher kaum von Menschen betreten werden. Die kleine Hallig dient vielen teils seltenen Seevögeln als Brut- und Rastplatz. Von größter Bedeutung ist die Kolonie der Brandseeschwalbe. Daneben brüten auf Norderoog auch Fluss- (rechts) und Küstenseeschwalben (oben). Norderoog ist auch ein bedeutendes Rastgebiet für den Vogelzug. Zeitweise halten sich auf der Hallig und dem vorgelagerten Norderoogsand über 50 000 Seevögel auf.

Langeness

Die Hallig Langeneß ist mit einer Länge von 10 km ungewöhnlich lang gestreckt. Mit dieser Ausdehnung ist sie die größte der Halligen im Wattenmeer. Die heutige Hallig Langeneß bestand bis Anfang des 19. Jahrhunderts aus drei Halligen: Nordmarsch, Langeneß und Butwehl. Durch Verbindungsdämme und natürliche Verschlickung wuchsen diese drei zusammen und Langeneß blieb schließlich der namensgebende Teil. Auf den 16 bewohnten Warfen befinden sich zwei Museen und eine Kirche.

Seit über 80 Jahren ist die Hallig über Oland mit einem Damm mit dem Festland verbunden. Ein Auto kann der Besucher nach Langeneß zwar mit der WDR-Fähre mitbringen, aber eine Tankstelle oder Werkstatt gibt es nicht.

Die Entstehung der Hallig ist nur ungenau belegt. Vor der „Groten Mandränke" 1362 war das Gebiet ein Teil der Marsch-

Trocken gefallene Sandbänke vor der Hallig Langeneß (vorige Seite).

Der Fähranleger Langeneß an der Rixwarf. Dahinter die Warf Hilligenley und ganz rechts die Tadenswarf.

Die Saalkirche auf der Kirchwarf (vorige Seiten) wurde 1894 auf den Grundmauern ihres Vorgängers von 1725/26 erbaut. Ausmalung (links oben) der Decke (1731) mit Szenen aus dem Alten und Neuen Testament. Unten der dreiteilige Gemäldealtar (1670 gestiftet) mit Abendmahl und Kreuzigung übereinander im Mittelfeld und je zwei Evangelisten in den Flügeln auf den Außenseiten.

landschaft der Insel „Strand“. In diesem Bereich gab es bereits einige Kirchspiele. So soll vor 1362 auf einer inzwischen untergegangenen Warf die erste Nordmarscher Kirche gestanden haben.

Die erste Langeneßer Kirche stand vermutlich einen Kilometer von der heutigen Halligkante entfernt. Weitere zwei Kilometer nordöstlich die Kirche von Ivenpol. Alle diese Kirchen versanken in den Fluten. Die erste Kirche der ehemaligen allein liegenden Hallig Nordmarsch wurde im Jahr 1599 gebaut. Bei der früheren Hallig Nordmarsch handelt es sich um den westlichen Teil der heutigen Hallig Langeneß. Aus heutiger Sicht stand die Kirche mitten im Watt. 1684 wurde sie durch einen Neubau ersetzt, der 1732 durch einen weiteren Neubau auf der heutigen Kirchhofswarf ersetzt wurde. Schwere Schäden erlitt sie aber 1825 während der Halligflut. Es war die

Die Höhen der Sturmfluten werden an der Kirchentür angezeigt.

Die Peterhaitzwarf mit dem Hallighaus Bonken und Fething ist ein Kulturdenkmal.

höchste bis dahin bekannte Sturmflut. Besonders schwer wurden die Halligen betroffen, es ertranken viele Bewohner. Das Gotteshaus wurde notdürftig repariert, aber 1838 abgebrochen. Heute ist auf der Kirchhofwarf noch der Nordmarscher Friedhof erhalten geblieben.

Vor dem Kirchenbau auf der alten Hallig Langeneß gehörten die Bewohner zur Insel Föhr mit den Kirchen St. Nicolai und St. Johannes. Hier sind heute auch noch alte Grabsteine zu finden aus der Zeit, als hier die Toten der Hallig beerdigt wurden. Aber der Priel zwischen der Insel Föhr und der Hallig wurde immer breiter, sodass sich die Halligbewohner entschlossen, eine eigene Kirche zu bauen. So wurde dann im Jahr 1725 eine neue Kirche auf der Kirchwarf errichtet. Die heutige Kirche wurde im Jahr 1894 auf dem Fundament des Vorgängers erbaut. Durch einen Umbau des Innenraums fand hier auch die Schule Platz. 1975 hat diese ein neues Gebäude erhalten.

Die Johannis-Kirche auf der Hallig zeigt gleich am Eingang die Verbundenheit der Halligbewohner mit dem Meer. Ein Fisch ziert als Griff die Eingangstür und neben dieser werden die Sturmfluthöhen als Mahnung angezeigt. Der Pastor der Kirche ist nicht nur für Langeneß zuständig, sondern auch für Oland, Gröde und den Vogelwart auf Habel. Deshalb können die Gottesdienste in dieser Kirche nicht jeden Sonntag stattfinden.

Sehenswert ist die Ausmalung der Decke aus dem Jahr 1731. Die Felder zeigen Akanthusranken und je zwei Ovalbilder mit Szenen aus dem Alten und Neuen Testament, dazu angenagelte Stiftertafeln und ein geschnitztes Medaillon von 1713 mit Spiegelmonogramm.

Das Taufbecken aus Kalkstein ist eines der Schmuckstücke der Kirche. Es stammt aus der Kirche von Nordmarsch.

Die Warf auf Nordmarsch, auf der heute der Leuchtturm steht, hieß bis 1895 Peters-

Auf der alten Peterswarf am westlichen Ende der Hallig Langeneß steht der 1902 erbaute Leuchtturm Nordmarsch.

warf. Ende des Jahrhunderts war der Abbruch des unbefestigten Westufers bis zur Peterswarf vorgedrungen. Die Bewohner verließen nach und nach die Warf. Im Jahr 1889 war sie schon zur Hälfte von der See zerstört.

Auf der Ketelswarf (nächste Seite) steht seit 1995 ein Nachbau der „Peter Hansen Bockmühle“. Früher waren die Mühlen ein typischer Bestandteil der Halligen, genutzt, um den Eigenbedarf an Mehl zu mahlen. Als letzte Original-Mühle kam die alte Bockmühle von Langeneß 1953 zum Wyker Museum auf Föhr.

In der Seefahrtsperiode der Halligbewohner wurden viele neue Häuser gebaut.

Hier setzte sich in Gestaltung und Einrichtung niederländischer Einfluss durch. Nach holländischem Muster wurden die Wände der Zimmer mit blauen oder manganfarbenen Fliesen verkleidet. So wie im Kapitän-Tadsen-Museum auf der Ketelswarf. Nach der Halligflut 1825 wurde das Haus aus dem Jahr 1741 wiederhergestellt. Es ist komplett als Museum eingerichtet. Im Inneren des Hauses befinden sich u. a. ein Beilegeofen mit Datum 1675 und ein Unterbau mit Datum von 1809. Über dem Ofen ein Schiffsbild, am oberen Bildrand folgende Schriftzeile: „T. Hoeker Schip D.Vrouw Christina Cap. Tade Volkerts." Daneben eine holländische Wanduhr von etwa 1780 und ein eingebauter Wandschrank mit niederländischem Porzellan.

Im Gertsen-Haus, einem alten Kapitänshaus, das 1725 gebaut wurde, erfahren die Besucher alles über die Salzsiederei und den Fünfmaster „Preußen". Die „Preußen" war das einzige Fünfmastvollschiff der Welt. Deren Kapitän war Boye Richard Petersen, er wurde auf Langeneß geboren.

Auf der Honkenswarf liegt das Haus der Familie Johannsen, eines der noch gut erhaltenen Friesenhäuser im Baustil der vergangenen Jahrhunderte. Gebaut wurde es 1875 und ist seitdem im Besitz der Familie. Die Friesenstube zeigt die alte Inneneinrichtung eines Halligḣauses, einen typischen Wohnraum mit Delfter-Wandfliesen aus dem Jahr 1780 und einem Wandbett. Die Einrichtungsgegenstände wurden meist in Amsterdam gekauft. Sie wurden dann auf der Heimreise mit den Schmackschiffen auf die Hallig gebracht.

Das Tadsen-Haus (oben) auf der Ketelswarf (vorige Seiten) wurde 1741 von Kapitän Tade Volkerts erbaut – ein Hallighaus, das mit Wohn- und Stallteil komplett erhalten ist. Es ist als historisches Museum mit reichhaltiger Ausstattung zu besichtigen.

Die Hallig Oland gehört zu den ältesten Halligen, sie wurde erstmals 1231 erwähnt.

Oland

Die Hallig hat nur eine einzige Warf, auf der 15 Häuser stehen, darunter Gemeindehaus, Kirche, Schule, Gastwirtschaft und der einzige reetgedeckte Leuchtturm Deutschlands. Oland hat eine Länge von 2 km und eine Breite von 500 m. Hier spielt sich das Leben auf nur einem Quadratkilometer ab. Es ist eine kleine beschauliche Welt, fast schon eine Hallig wie aus dem Bilderbuch. Hier heißt es, dass niemand weiter als 100 Meter vom Friedhof entfernt lebt.

Die Häuser stehen um den Fething herum

und sind zum Teil reetgedeckt. Auf Oland gedeihen durch die Festlandsnähe Büsche und Bäume besser als auf den anderen Halligen.

Die Hallig Oland erreicht der Besucher per Schiff mit der „MS Rungholt", die in Schlüttsiel vom Festland ablegt. Auf der Hallig selbst bleibt nur noch die Möglichkeit, zu Fuß zu gehen, denn die Hallig ist autofrei. Die Warf mit ihren Wohnhäusern liegt wie ein gemütliches Nest auf der Hallig und in der Mitte befindet sich der historische Fehting, der früher die Wasserversorgung sichergestellt hat. Heute gibt es eine Wasserleitung vom Festland.

In der Chronik der friesischen Uthlande von 1856 steht: „Oland scheint in alter Zeit eine der bedeutendsten Halligen ge-

Auf der Hallig Oland wird nur eine Warf bewohnt. Hier steht auch der einzige Leuchtturm in Deutschland, der ein Reetdach besitzt. Das Quermarkenfeuer ist mit einer Höhe von 7,45 m auch das kleinste. Mitten auf der Warf (nächste Seite) befindet sich ein historischer Fething.

wesen zu sein und sehr früh eine Kirche gehabt zu haben. Die Einwohner von Langeneß gingen dort bis 1663 zur Kirche." Die heutige Kirche auf Oland sieht durch ihr reetgedecktes Dach wie ein landwirt-

Auf dem kleinen Friedhof liegt das Grab des „Halligdichters" Wilhelm Lobsien. Die verzierte Kanzel (links), 1620 von Hans Andersen gestiftet, stammt aus der Werkstatt des berühmten Flensburger Schnitzers Ringeling.

schaftliches Gebäude aus. Sie wurde im Jahr 1824 von der zerstörten Knudtswarf auf die Neue Warf verlegt. Im Inneren eine reich beschnitzte und bunt bemalte Kanzel, ein Meisterwerk der Spätrenaissance.

Die kleine längsrechteckige Kirche auf Oland ist aus dem Jahr 1824. Sie trotzte unter anderem den schweren Sturmfluten 1825 und 1962. Daneben der Glockenstapel mit dem achtseitigen Helm.

Die Taufe und das Kruzifix sind wesentlich älter als die Kirche und stammen aus der Zeit um 1200. Das Votivschiff an der Decke aus dem Jahr 1733 mit dänischer Flagge trägt den Namen „Olandts Wolfar(t)" und erinnert an die Oländer Seefahrt.

Ein neuer Lorendamm wurde 1925/27 von Dagebüll aus gebaut. Er ist eine Nabelschnur zum Festland. Denn wenn Schiffe wegen Niedrigwasser, Nebel oder

Eisgang nicht mehr fahren können, geht es mit der Lore immer noch. Da Oland nicht von einer Fähre angelaufen wird, sondern nur von Ausflugsschiffen, sind die Loren für die Einwohner das wichtigste Transportmittel.

Vor den heutigen Motorloren waren Segelloren im Einsatz. Es musste auf die Kraft des Windes vertraut werden. Bei Gegenwind keine einfache Aufgabe.

Wer von Dagebüll aus die Schienen entlangblickt, der sieht die Hallig am Horizont liegen. Oland ist vermutlich die älteste der Halligen im Wattenmeer. Sie wird bereits im Erdbuch von Waldemar II. im Jahr 1231 erwähnt.

Der Leuchtturm ist seit 1929 in Betrieb und hat eine Höhe von 7,45 m. Er ist der kleinste und auch der einzige in Deutschland, der ein Reetdach besitzt. Er dient als sogenanntes Quermarkenfeuer für das „Föhrer Ley“ und das „Dagebüller Fahrwasser“.

Der Austernfischer ist einer der charakteristischsten Vögel der Nordseeküste. Seine größte Verbreitung hat er hier, wo er auch die scherzhafte Bezeichnung „Halligstorch“ trägt.

Gröde

Die heutige Hallig Gröde ist aus zwei Halligen zusammengewachsen. Vor 100 Jahren waren die Halligen Gröde und Appelland noch getrennt. Gröde ist die kleinste politische Gemeinde Deutschlands. Vor allem während der Wahlen wird sie viel in den Nachrichten genannt. Denn Gröde kann bereits einige Minuten nach Schließung des Wahllokals das Ergebnis melden. Wobei das Wahllokal die gute Stube des Bürgermeisters ist.

Landunter gibt es auf der Hallig im Durchschnitt 30 Mal im Jahr. Ein besonderes Erlebnis für die Urlauber, die dann auf der Hallig sind. Bei Sturmflut ragen nur noch die zwei Warften aus der Nordsee.

Einen ganz besonderen Anblick bietet Gröde im Sommer, wenn der Strandflieder blüht. Große lila Flächen verwandeln die Hallig in ein Blütenmeer.

Das älteste Gebäude auf der Hallig stammt aus dem Jahr 1759. Es sind jedoch nur noch Teile davon vorhanden. Denn die Sturmflut 1962 richtete so große Schäden an, dass fast alles neu gebaut werden musste. Allerdings nach altem Vorbild mit Reetdach.

Gröde gilt als die ursprünglichste der Halligen. Das Leben rund um den Fething muss nach dem Tidenkalender ausgerichtet werden. So kann die Hallig von den Schiffen nur während des Hochwassers angelaufen werden. Das Leben wird hier

Hallig Gröde hat nur zwei Warften, die Kirchwarft und Knudtswarft mit den vier Häusern.

von den Gezeiten bestimmt. Die heutige St.-Margarethen-Kirche auf der Hallig Gröde ist vermutlich schon der siebte Neubau einer Kirche. Die erste Kirche wurde während der Sturmflut 1362 zerstört, der zweite Bau hatte bis 1615 Bestand, der dritte stand nur kurz bis in das Jahr 1625. Die vierte Kirche wurde

Natürliche Salzwiese mit Halligflieder. Auf der Hallig Gröde befindet sich der größte zusammenhängende Halligfliederbestand an der Westküste.

durch die Sturmflut 1634 zerstört. Der fünfte Kirchenbau wurde 1717 durch den Umsturz einer Mühle stark beschädigt. Das endgültige Aus erfolgte dann durch die Neujahrsflut im Jahr 1720. Der Neubau aus dem Jahr 1721 wurde durch die Sturmflut 1751 stark beschädigt, aber wieder instand gesetzt. Dann

Auf der Kirchwarft auf Gröde steht nur ein Gebäude. Der achteckige Schalldeckel über der Kanzel stammt aus dem Jahr 1695.

holte sich die Nordsee das Land, sodass der sechste Bau der Kirche von den Bewohnern abgebrochen wurde. Die heutige, siebte Kirche stammt immerhin aus dem Jahr 1779. Das zeigt, wie beharrlich die Gröder für ihre Kirche gekämpft haben.

Die Kirche befindet sich mit der Schule und der Lehrerdienstwohnung unter einem Dach auf der Kirchwarft. Gröde hat, wie alle größeren ständig bewohnten Halligen, eine Schule, in der die Halligkinder von der 1. bis zur 9. Klasse unterrichtet werden können.

HABEL

Habel ist mit nur 7,4 ha Fläche die kleinste der Halligen an der Westküste Schleswig-Holsteins. Über die Jahrhunderte ist die Hallig immer kleiner geworden. Heute ist nur noch ein Rest der ursprünglichen Fläche vorhanden. Die Länge beträgt nur etwa 350 m und die Breite etwa 100 m. Die Hallig liegt zwei Kilometer östlich von Gröde und hat seit 1905 keine Bewohner mehr. Auf der Norderwarft befindet sich eine Vogelstation, die von einem Vogelschutzwart besetzt ist. Da Habel in der Schutzzone 1 liegt, darf diese Hallig nicht betreten werden.
Bereits im hohen Mittelalter war der Bereich der heutigen Hallig bewohnt, das zeigen Funde, die Wissenschaftler gemacht haben. Habel wird bis zu 60 Mal im Jahr von der Nordsee überflutet.

Habel ist mit etwa 7 ha die kleinste Hallig. Sie liegt östlich von Gröde in der Schutzzone 1 des Nationalparks Wattenmeer. Auf der einzigen Warft der Hallig befinden sich das reetgedeckte Haus und der Fething, der traditionelle Regenwasserspeicher auf Warften. In dem Haus wohnt der Vogelwart des Vereins Jordsand.

Natürliche Salzwiese auf der Hallig Nordstrandischmoor. Hier wachsen Pflanzen, die mit dem Salzwasser blendend leben können.

Nordstrandischmoor

Die Hallig Nordstrandischmoor ist in der Katastrophennacht vom 11. auf den 12. Oktober 1634 entstanden. Eine heftige Sturmflut zerriss das Land und neben Nordstrandischmoor und einem Rest des Amsinck-Kooges blieben die Inseln Nordstrand und Pellworm übrig. Vor dieser Flut war das Gebiet ein Hochmoor, das zum Torfabbau genutzt wurde. Etwa 6000 Menschen verloren in dieser Nacht ihr Leben und viele mehr ihr Hab und Gut. Eine Handvoll Menschen konnte sich auf diese Landfläche retten, die „Lüttmoor", kleines Moor, genannt wird. Heute leben hier rund 20 Menschen.

Ein Glockenturm soll die Erinnerung an die große Flut wachhalten.

Damit die Nordsee die Hallig nicht weiter zerstören kann, wurde zwischen 1926 und 1935 eine Steinkante aus Granit und Basalt gebaut, von den Einwohnern auch gern „Küstenpromenade“ genannt. Diese ist aber kein Schutz gegen die Überflutung bei Sturmflut. So erlebt die Hallig etwa 30 Mal im Jahr das „Land unter“ (nächste Doppelseite).

Gleichzeitig wurde auch der erste Lorendamm gebaut, für die Einwohner die „Lebensader durch das Watt“. In der Nähe der Amalienwarft (Schulwarft) liegt der historische Friedhof mit 20 im Boden eingelassenen Grabsteinen aus Carrara-Marmor, die ihn so besonders machen. Angelegt wurde er im Jahr 1817 nach dem Untergang des ehemaligen Friedhofs. Bis 1926 fanden hier noch Beerdigungen statt. Der Friedhof steht unter Denkmal-

Letzte Erinnerung an die eigene Kirche ist der Halligfriedhof mit Grabplatten aus Carrara-Marmor in der Nähe der Amalienwarft auf Nordstrandischmoor. Die Grabsteine liegen flach im Rasen, damit sie von Sturmfluten nicht umgeworfen werden.

schutz. Die erste Kirche wurde mit großherzoglicher Genehmigung im Jahr 1656 gebaut. Die Gelder dafür stammten aus dem Verkauf der im Watt gefundenen Reste der Alt-Nordstrander Kirchen. Dies schreibt der Chronist Anton Heimreich, dessen Bruder der erste Prediger wurde. Die Sturmfluten von 1815, 1819 und 1821 zerstörten immer wieder die Kirche. Die Flut im Jahr 1825 vernichtete

die inzwischen mitten auf der Hallig auf einer Warft errichtete Schule mit dem Kirchenraum völlig. Eine neue Kirche wurde danach nicht wieder gebaut, die Standorte der alten Kirchen liegen weit draußen im Watt unter Schlick. Die Pastoren hatten auch immer schon die Funktion des Halliglehrers. Erst seit 1822 unterrichtete ein Lehrer auf der Hallig.

Nordstrandischmoor ist über einen 3,5 km langen Lorendamm mit dem Festland verbunden. Über diese Verbindung können die Bewohner zum Beltringharder Koog kommen und sich auf dem Festland versorgen.

Die 35,8 m lange und 8,1 m breite Adler V an der Anlegestelle Nordstrandischmoor. Das Schiff fährt in den Sommermonaten regelmäßig die Halligen an.
Der „Lorenbahnhof" auf der Hallig Nordstrandischmoor. Auf dem 3,6 km langen Damm vom Beltringharderkoog wird Küstenschutzbaumaterial befördert.

Der Weg zu Fuß zur Hallig ist in rund einer Stunde zu schaffen. Aber es geht auch per Schiff, von Nordstrand aus fahren die Adler-Schiffe nach Nordstrandischmoor.
Nordstrandischmoor hatte ursprünglich eine Größe von 500 ha. Davon sind heute noch 170 ha übrig. Die Nordsee hat sich das Land geholt.

Südfall

Südfall hat eine Fläche von etwa 56 ha. Den Namen erhielt die Hallig, weil sie südlich vom Fallstief, dem heutigen Prielstrom Norderhever, liegt – ungefähr zwischen der Insel Pellworm und Nordstrand. Auch Südfall gehörte einst zur Insel Strand und ist durch die „Grote Mandränke" 1362 entstanden. Die Hallig war nach der Flut noch 400 ha groß. Mit der Sturmflut im Jahr 1634 wurde jedoch weitere Halligfläche zerstört.
Die Hallig blieb trotzdem weiterhin bewohnt, bis zur „Halligflut" im Jahre 1825.

Mit einer Kutsche kann eine geführte Gruppe durch das Wattenmeer zur Hallig der „Gräfin Reventlow" fahren.

Die Warft auf Südfall mit dem Fething

Damals kamen alle Bewohner ums Leben. Danach wechselte die Hallig mehrfach den Besitzer. Eine lange Zeit war die „Halliggräfin“ Diana von Reventlow-Criminil, die hier ab 1910 wohnte, Besitzerin der Hallig. Sie wurde 90 Jahre alt und lebte bis zu ihrem Tod (1953) auf der Hallig.

Seit 1954 gehört Südfall dem Land Schleswig-Holstein. Bewohnt wird die Hallig heute fast ganzjährig von einer Familie.

Besucher haben nur im Rahmen von genehmigten Führungen Zutritt, denn Südfall liegt innerhalb der Schutzzone I des Nationalparks Schleswig-Holsteinisches Wattenmeer. Aber auch die Teilnehmer der geführten Wanderungen dürfen nur einen Teil der Hallig betreten.

Die Salzwiesen auf der Hallig werden nicht beweidet, so gibt es dort große Vorkommen von Strand-Grasnelke, Strand-Beifuß, Strandflieder oder Strandaster. In der von Prielen durchzogenen Salzwiesenlandschaft sind die Vögel dominierend. Hier rasten Tausende von Zugvögeln und brü-

ten viele Seevogelarten, z. B. Küstenseeschwalben, Sandregenpfeifer, Lachmöwen, Austernfischer. Ein großes Schillfeld aus Herzmuschelschalen macht Südfall zum Lieblingseiland der Zwergseeschwalben.
Die heutige Größe der Hallig kann nur durch eine starke Befestigung der Halligkante erhalten werden. Südfall hat eine wichtige Funktion als Wellenbrecher für den Schutz der Deiche der ostwärts liegenden Insel Nordstrand.
Der sagenumwobene Hafenort Rungholt soll im Mittelalter in unmittelbarer Nähe

Im Sommer verwandeln Strandastern die natürlichen Salzwiesen der Hallig in ein blaues Blütenmeer.

von Südfall gelegen haben und darum ist das Watt rund um die Hallig Grabungsschutzgebiet.
Zwischen den Halligen Südfall und Süderoog lassen sich aus gebührender Entfernung viele Seehunde vom Schiff aus beobachten, die sich auf den großen Sandbänken (nächste Seite) ausruhen.

Süderoog

Die südlichste der nordfriesischen Halligen ist etwa 800 m breit und einen Kilometer lang. Sie liegt südwestlich der Insel Pellworm. Besucher können die Hallig nur über das Watt mit einem erfahrenen Wattführer erreichen, dann hat man für den 12 km langen Weg etwa sechs Stunden Zeit. Gelegentlich fährt ein Ausflugs-

Hallig Süderoog liegt in der Schutzzone I des Nationalparks und ist ein wichtiger Lebensraum für Vögel, so rasten hier im Frühjahr und im Herbst u. a. Knutts in großen Scharen. Die Hallig darf nur im Rahmen genehmigter Führungen betreten werden.

schiff zur Hallig. Jedoch darf Süderoog nur im Rahmen einer genehmigten Führung betreten werden.

Die erste Erwähnung der Hallig gab es im Jahr 1597 von Petreus als „Suder Ough". Wie auch bei anderen Halligen ist die Fläche kontinuierlich kleiner geworden. Geschützt wird die Hallig gegen den hohen Wellengang zum Teil durch den Süderoogsand. Durch die Lage weit in der Nordsee ist Süderoog bereits in den ersten Seekarten der nordfriesischen Küsten verzeichnet. In der zweiten „Groten Mandränke" nahm die Hallig großen Schaden. Zwei der drei Häuser wurden zerstört und zehn Menschen ertranken in der Flut.

Im Jahr 1711 gab es noch 200 ha Land, das zur Hallig gehört. Heute ist weniger

Über der Eingangstür des Hallighauses befindet sich die Heckfigur der spanischen Bark „Ulpiano", die in der Weihnachtsflut des Jahres 1870 auf Süderoogsand gestrandet ist.

Einige Brautpaare kommen jährlich auf die Hallig, die sich im Pesel, der guten Stube des Hauses, trauen lassen.

als ein Drittel davon übrig geblieben. Auf der Warft steht heute ein reetgedecktes, imposantes Wohnhaus mit Stallungen. Gepflanzte Baumreihen bieten dem Gebäude einen Windschutz. Bewohnt wird die Hallig von einem Paar, das als Küstenschützer beim Land Schleswig-Holstein angestellt ist. Auch heute wird die Hallig im Winterhalbjahr immer wieder überflutet. Für die Bewohner gibt es in dem Gehöft einen Schutzraum.

HAMBURGER HALLIG

Eigentlich ist die Hamburger Hallig keine „echte" Hallig mehr. Und dabei trägt sie als einzige das Wort „Hallig" im Namen. Um 1860 wurde die Hallig durch einen Lahnungsdamm mit dem Festland verbunden, er wurde von der Flut jedoch bald wieder zerstört. Erst 1875 gab es wieder einen festen Damm. Ein Plattenweg sorgt heute vor allem in den Sommermonaten für relativ viel Verkehr. Fußgänger und Radfahrer nutzen die Verbindung. Und selbst Autos können diesen Weg nutzen, aber nur gegen eine Maut. Ziel der meisten Besucher ist die einzige Gaststätte im Nationalpark Wattenmeer.

Die Hallig und die umgebenden naturnahen Salzwiesen wurden um 1930 unter Naturschutz gestellt. Austernfischer, Rotschenkel, Silbermöwen (im Sommer) und Nonnengänse (im Winter) sind häufige Vogelarten, die der Besucher auf dem Weg zur Hallig zu sehen bekommt. Das Naturschutzgebiet wird von Nationalpark-Mitarbeitern betreut.

Den Namen „Hamburger Hallig" bekam die Hallig durch zwei Hamburger Kauf-

Am Fuß der Warft tauchen immer wieder Pfahlreste von einer Befestigung auf.

leute, die Brüder Amsinck. Sie hatten hier von 1624 bis 1628 einen Koog eingedeicht. In der schweren Sturmflut 1634 wurden die Deiche stark beschädigt und viel Land weggerissen. Lediglich die Warft mit dem „Hamburger Haus“ blieb stehen. Der Deichschutz war verloren und im 17. Jahrhundert wurde der Koog zur Hallig.
Eigentlich hat die Hallig zwei Warften. Davon ist aber nur eine bebaut. Hier befindet sich das Ziel der vielen Besucher: der „Hallig-Krog“. Daneben ist hier auch die Nationalpark-Station Wattwerkstatt.
Rund um die Warft weiden Schafe. Sollte im Sommer das Wasser der Nordsee das Vorland überspülen, gibt es den Schafberg, er liegt auf halbem Weg zwischen dem Festland und der Warft. Hier findet man den Naturschutzwart des NABU.
Auch wenn die Hallig gut zu sehen ist, wenn der Besucher über den Deich kommt, sollte man die Entfernung nicht unterschätzen. Der Fußweg dauert ungefähr eine Stunde.

Die Lachmöwen, häufigster Brutvogel im Wattenmeer, haben im Sommer eine schwarzbraune Gesichtsmaske, rote Beine und einen roten Schnabel.

Wattenmeer

Das Wattenmeer gehört in Deutschland zu den letzten Flächen, die vom Menschen kaum verändert wurden. Das andere Gebiet sind die Hochregionen der Alpen. Alle anderen Landschaften wurden von uns Menschen im erheblichen Maß umgestaltet und haben ihr ursprüngliches Erscheinungsbild zu großen Teilen verloren. Begonnen hat diese Veränderung bereits im Mittelalter. Auch wenn die Bewohner an

Das Charaktertier des Watts ist wohl der Wattwurm. Einen lebenden Wattwurm sieht man nur, wenn man ihn ausgräbt (links), aber es kennen alle die weite Wattflächen bedeckenden Kothaufen dieses Wurmes (oben).

der Küste, auf den Inseln und Halligen mit den Dämmen und Deichen für ihren Schutz gesorgt haben und damit schon in die Natur eingreifen, so gelten die weiten Wattflächen als eine europäische Urlandschaft.

Das Gebiet ist mit seinen Pflanzen und Tieren einzigartig. Der Einfluss der Gezeiten hat einen ganz besonderen Lebensraum geschaffen. Etwa 250 der hier heimischen Tierarten und Ökotypen gibt es aus-

Die Strandkrabben sind die größten Krebse im Watt. Sie halten sich bei Ebbe zumeist in wasserführenden Prielen auf oder verstecken sich unter Steinen und Tang der Lahnungen.

schließlich im Wattenmeer. Auch auf die Vögel scheint das Watt eine magische Anziehungskraft auszuüben, denn es ist das vogelreichste Gebiet Europas. Im Frühjahr und Herbst suchen dort bis zu zwölf Millionen Zugvögel Nahrung. Sie fliegen zu den arktischen Küsten Sibiriens, Grönlands oder Kanadas, um zu brüten, oder kom-

Die wohl bekannteste Pflanze des Wattenmeeres ist der Queller. Der Queller ist ein Schlickfänger; er bewirkt eine Wasserberuhigung und fördert dadurch das Absetzen der Sinkstoffe und somit die Bildung von Land.

Zum Bild des Wattenmeeres gehören auch die Fischkutter, hier ein Krabbenfischer vor Langeneß, der Nordseegarnelen fängt.

men von dort zu zurück, um hier eine Rast einzulegen. Für die Watvögel ist das Wattenmeer das wichtigste Rastgebiet Europas. Die Existenz vieler nordeuropäischer Gastvogelarten entscheidet sich daher hier. Der Wattboden bietet mit seiner hohen Dichte an Tieren immer wieder einen reichhaltig gedeckten Tisch, sobald sich die Nordsee zurückgezogen hat.

Aber auch für den Menschen ist das Watt eine Attraktion. Eine Wattwanderung ist etwas ganz Besonderes. Natürlich sollte

diese barfuß gemacht werden und nicht in Gummistiefeln. Erst wenn der Schlick zwischen den Zehen herausquillt, lässt sich das Watt richtig erleben (nächste Seite).

Das Watt an der Westküste Schleswig-Holsteins wurde im Jahr 1985 unter Naturschutz gestellt. Wenige Jahre später folgten Hamburg und Niedersachsen diesem Beispiel und stellten auch ihre Wattflächen unter Schutz. Der Nationalpark Schleswig-Holsteinisches Wattenmeer ist mit 4410 km^2 der größte in Europa. Dank dieser umfassenden Schutzmaßnahmen und aufgrund der weltweiten Bedeutung dieses einzigartigen Ökosystems mit seiner besonders großen Artenvielfalt ist das Wattenmeer im Juni 2009 von der UNESCO als Weltnaturerbe anerkannt worden. Damit steht es quasi auf einer Stufe mit dem Grand Canyon in den USA, dem Great Barrier Reef vor der Küste Australiens und der Serengeti in Tansania.

Die Herzmuschel trägt ihren Namen wegen ihrer herzförmigen Seitenansicht, sie zählt zu den Filtrierern, man findet sie im Mischwatt und in flachen Prielen.

Titelbild: Hallig Hooge, Kirchwarft; Seite 2/3: Hallig Hooge in einer Luftspiegelung von Schlüttsiel aus gesehen; Seite 4/5: Hallig Südfall; Seite 8/9: Hallig Langeneß; Seite 14/15: Hallig Hooge; Seite 20/21: Hallig Hooge, Hanswarft; Seite 32/33: Sandbank vor Hallig Langeneß; Seite 36/37: Hallig Langeneß, Kirchwarf; Seite 42/43: Hallig Langeneß, Ketelswarf; Seite 50/51: Hallig Oland, Fething; Seite 64/65: Hallig Habel; Seite 68/69: Sturmflut auf der Hallig Nordstrandischmoor; Seite 76/77: Hallig Südfall; Seite 80/81: Seehundsbank vor Hallig Süderoog; Seite 94/95: Wattwanderung zur Hallig Nordstrandischmoor.

Quellen: *Müller, F.:* Das Wasserwesen an der Schleswig-Holsteinischen Nordseeküste (1. Teil: Die Halligen), 1917. *Nordfriisk Instituut:* Geschichte Nordfrieslands, Heide 1995. *Petersen, M./Rohde, H.:* Sturmflut, Neumünster 1977. *Reiter, M.:* Kirchen am Meer, Kiel 1994. *Seidel, B./Pump, G.:* Nordfrieslands Insel- und Halligkirchen, Husum 2009. *Wergin, J.:* Hallig Leben, Hamburg 1997. *Wohlenberg, E.:* Die Halligen Nordfrieslands, Heide 1975.

Bibliografische Information der Deutschen Nationalbibliothek

Die Deutsche Nationalbibliothek verzeichnet diese Publikation in der Deutschen Nationalbibliografie; detaillierte bibliografische Daten sind im Internet über http://dnb.dnb.de abrufbar.

2., überarbeitete Auflage 2015

Druck und Verarbeitung: Husum Druck- und Verlagsgesellschaft
Postfach 1480. D-25804 Husum – www.verlagsgruppe.de

ISBN 978-3-89876-516-9